AF607110
AVERSO

TODAVÍA AMANECE

Antología poética

(2007-2022)

María Sanz

Número 44 de la Colección **AVERSO POESÍA**

Todavía amanece

Edición al cuidado de Averso Poesía
www.aversopoesia.com

Primera edición: febrero de 2025
ISBN: 978-84-129987-0-2
Depósito Legal: GR 160-2025

Impreso en España - *Printed in Spain*

El papel utilizado para la impresión de este libro está calificado como papel ecológico y procede de bosques gestionados de manera sostenible.

TODAVÍA AMANECE

Antología poética

(2007-2022)

MARÍA SANZ

PRÓLOGO DE ENRIQUE GRACIA TRINIDAD

«Entretenido en amanecer,
en expulsar esta clarividencia que me rebosa,
siento por corazón un recuerdo, acaso una pluma…».

Vicente Aleixandre

PRÓLOGO

Todavía amanece y es mucho

Un prólogo siempre es riesgo y atrevimiento. Debería estar prohibido ponerlos al comienzo de un libro de poemas; como mucho deberían ser epílogos. Además, abundan los lectores que suelen ningunear estos preámbulos y dirigirse al fondo de la cuestión, a los poemas. Formarse opinión propia o buscar el personal disfrute siempre es más auténtico que dejarse guiar por la opinión de otro que, en poesía, no es necesariamente mejor aunque alguien le suponga voz autorizada. Si escribir poesía es algo casi inconfesable, opinar sobre ella se acerca al delito de lesa humanidad.

En todo caso, bienvenido seas, lector, si has llegado hasta aquí. Cumplo una deuda de admiración y de amistad con María Sanz, la inmensa poeta que nos regala esta antología, e invito a quien pueda leerme a que entre por las páginas con la devoción que requiere todo libro de buena poesía. Y no solamente ahora, sino que lo haga más adelante, en sucesivas relecturas, porque —esta es una condición de los buenos versos— las palabras de esta poeta le descubrirán nuevas emociones con cada nueva lectura. Dicho esto, permítaseme que hable más de la autora que de su libro. No es una intención gratuita: detrás de cada poemario hay una vida, la de su autor. Y en este caso más, porque Sanz es una poeta vital que vuelca su peripecia personal en cada poema.

Alguno dirá que esta antología es solo parte de su vida, que es una muestra de sus últimos dieciséis poemarios, pero que ya antes tenía otras veinticinco publicaciones que no están aquí. Pues sí, pero da igual porque la poesía no es asunto de sistema secuencial, ni siquiera es un sistema, y aún diría más: no es un asunto. La poesía es más bien el temblor que te produce y en eso María Sanz es una experta porque tiembla en los poemas y nos hace temblar. Tanto da que recoja los poemas de la primera etapa como de otra cualquiera, ella no es mujer que se ande con remilgos.

Mientras ojeamos esta vida —perdón, esta antología— podemos imaginar a la niña que escuchaba las campanas de la cercana Giralda, envuelta por la luz y los aromas de los sevillanos Jardines de Murillo. Por allí andaba, huyendo de muñecas y cocinitas y dedicándose a leer cuentos, tebeos y libros de Julio Verne para pasar luego a la poesía de Bécquer, Juan Ramón, Machado y los clásicos españoles hasta llegar a la filosofía griega, a la de Ortega, a la de Heidegger...

Si miramos más hondo, podemos verla aprendiendo ganchillo —llegará a ser experta—, que ya se sabe que es una labor que va muy bien mientras se está pensando en el próximo poema. También nos va a sonar la música, porque fue una joven que creció con algo de dolorcillo por no haber sido pianista o soprano y se conformó con escribir mientras escuchaba música clásica o algo de *rock*, soul o *jazz*.

Siempre nos va a aparecer Sevilla, pero no la Sevilla tópica, edulcorada y costumbrista de los Álvarez Quintero, sino la machadiana que tiene ese toque hondo de las tierras castellanas —el abuelo de María llegó desde Soria para fundar la empresa familiar, una tienda de aquellas que se llamaban ultramarinos—. Una Sevilla a la que cantara Rafael Montesinos diciendo: «Levántate, Andalucía / que a mí no me engañas tú / disfrazada de alegría».

Vamos a ver en estas páginas a la que ha afirmado que lo malo fue que de niña nunca tuvo hambre, pero ella y nosotros sabemos que no solo de la necesidad surgen el ingenio, la creación y el arte (eso es un mito que conviene descabalgar). La propia María Sanz no para de dar pistas con estas páginas llenas de contemplación, de reflexión, con algo de desencanto y algo de esperanza, con cierta melancolía y bastante de añoranza, con palabras que deambulan por una curiosa mezcla de estoicismo y senequismo. Para que nos entendamos, esta mujer es una «sevillanita honda», que diría su paisano Benito Moreno (si tienes, lector, un ordenador a mano, busca la canción *Sevillano* de este cantante y ya me dirás si no dan ganas de aplicársela a María Sanz).

Alejada de los tontódromos literarios, de las procesiones de lamedores de traseros y del estupidario de las redes sociales ha ido desarrollando una obra impecable a lo largo de cerca de 50 libros publicados —algunos son de prosa—, y más de 20 premios, todos ellos notables y ganados a pulso y limpiamente. Por cierto, siempre habrá algún desinformado, algún envidioso resentido o, lo que es peor, algún crítico estúpido que quite importancia a esto de los premios. Se equivocan de medio a medio porque ocurre que muchos editores no han estado a lo que tienen que estar y, negándose a publicar, empujaron a Sanz a presentarse a premios para poder sacar sus obras. Escribiendo tan bien como lo hace, no paró de ganar certámenes, dejando a miles de colegas en la cuneta, y aquí la tenemos: en esta antología aparecen poemas de sus últimos dieciséis libros, catorce de ellos ganadores de premios por todos los territorios de España, ¡ahí es nada! De los otros diecisiete poemarios premiados anteriormente ya ni hablamos.

Es decir, que la niña que nació el mismo año que a Juan Ramón le dieron el Nobel, se empezó a emitir Televisión Española, se publicó el primer Capitán Trueno y se estrenó la canción del Cola Cao, se ha convertido, en este siglo XXI poéticamente abundante pero un tanto desnortado, en la autora más reconocida por su esfuerzo y sus magníficos libros y, paradójicamente, en una autora a la que apenas reconocen como se debe los ignorantes poderosos que encumbran a jovenzuelas y jovenzuelos con inexperta obra, poco nuevo que decir y escasa enjundia poética. Así está el patio, amigo lector. Tú no te dejes engañar y sigue la voz de esta mujer intensa, necesaria y brillante que, sin dar cuartos al pregonero, se entrega por completo en cada página.

A mí me ha correspondido la suerte de ponerme a su lado en este *Todavía amanece* y ser, como decía José Luis López Vázquez en aquella película de *Atraco a las tres*, «un amigo, un esclavo, un siervo» de la gran dama de la poesía que se llama María Sanz.

Enrique Gracia Trinidad

DE *LANCE SONORO*

(2007)

Premio Miguel Labordeta

Una vida de héroe (Richard Strauss)

VIII

Hoy se agolpan los días en ningún calendario,
desaparecen torres que aún enarbolaban
la solidez del viento, se retrasan oleajes
por sujetar tus ansias de libertad perenne.

Tranquiliza pensar que esos días transcurren
solo en el corazón, en su infierno privado,
un lugar donde apenas hay sitio para otros,
esos otros perdidos a los que tanto encuentras.

Quisieras confundirte de tristeza. No sirve
de mucho ser la misma en hechos diferentes,
atravesando años donde nada perdura
salvo el propio dolor disfrazado de gozo.
Tranquiliza sentir que esto no es algo nuevo.

Hoy se hacinan las tardes sobre aquello que has sido,
sobre cuanto has amado y aún se desconoce,
mientras el calendario continúa fingiendo
su paso por tu vida apenas estrenada.

Poema divino (Alexander Scriabin)

II

La ciudad oscurece sin medida,
se emboza en sus naranjos verdinegros
y arría las almenas, mientras yacen
los últimos jirones del ocaso.

La ciudad, hoy más mía porque es tuya,
me deja adivinarte lentamente
como otro aroma tibio de magnolios
desmayado en un tiempo irrepetible.

Ahora estoy diciéndote que nunca
crucé por estas calles sin tus pasos,
pero no lo sabía. Y oscurece
sobre mi andar en ascuas, y no encuentro
manera de salir de este abandono.

Ahora estoy creyéndome que nada
perdura como sombra, ni siquiera
tu sombra es infinita. Solo trato
de retener el aire y seducirlo.
La ciudad oscurece sin medida
imitando la noche de tu ausencia.

Sinfonía de las lamentaciones (Henryk Górecki)

III

Abriste la ventana. Amanecía
sobre todos los siglos. Un jilguero
se posó en el alféizar, vino en busca
de algún eco feliz para entonarlo.

Manaba el corazón, se ungía el cuerpo
con la brisa temprana. Lentamente
reaparecieron todas las escenas
donde él supo actuar, lo previsible
para una ausencia cruel como la suya.

Y advertiste de pronto
las llamas de sus manos en tu espalda,
la libación perfecta del rocío
que desbordaba en ti. Le rodeaste
con alientos de miel, ya sin aliento,
después de haber labrado tu figura.

Jamás estuvo allí. Amanecía
sobre todo el dolor. Algunos trinos
lograron infiltrarse en la memoria,
y por última vez reconociste
que estabas esperándole
aun antes de saber que le esperabas.

Gnossiennes (Erik Satie)

II

Ese lugar del tiempo donde nada
ha sucedido aún, salvo la noche
o el momento inicial del desencanto,
sigue siendo tu exilio inconfesable.

Para qué desbrozar tanta llanura
de anónima aridez, por qué sentirse
el principio del fin en uno mismo
hasta llegar a un hecho sin salida.
De tu cautividad apenas saben
los pájaros dorados que murieron
por cederte sus alas vanamente.

Para qué padecer la madrugada
con distinto deseo, si no hay llanto
aliviando el silencio enfebrecido.
De tu renuncia apenas se conocen
los orígenes, solo algún sudario
que recubre ese tiempo donde nada
ha de ocurrir jamás, salvo la aurora
o el exilio final del paraíso.

Cuarteto para el final de los tiempos

(Olivier Messiaen)

III

Ahora que atardece te cobijas
en tu orfandad, sabiendo por qué has sido
el raro privilegio de unos pocos.
Llegaron a poblarte cada herida
sin rozar la amargura.
Soñaron con tus sueños,
dividieron tu cuerpo en mil historias
de desamor, quizá buscaban solo
la libertad que nunca les negaste.
Sí, ahora atardece y no hay silencios
para otra explicación. Aquellos hombres
fingieron ser felices
al fondo de tu dicha,
te dejaron sin brotes en un mundo
de primavera fácil, inclinándose
por no inclinar contigo la balanza.
Ya no temes su huida, ni siquiera
esa orfandad de todos los regresos,
ahora que atardece y te emocionas.

DE *REGAZO E INTEMPERIE*

(2007)

Premio Eugenio de Nora

XIV

Cobíjate en la tierra,
haz las paces contigo y abandona
esa causa perdida
por la que tantas muertes has vivido.
Un arroyo te ciñe
el ansia de cruzar al otro lado,
donde apenas las aguas reconocen
tu mirada cayendo sobre ellas,
pero tienes que ser, hoy más que nunca,
quien responda de nuevo
y se erija en discípulo
de la sabia intemperie.
Desata tus raíces,
aprovecha su cielo subterráneo
para verlas crecer, mientras reposas
bajo el sol de otros árboles
nunca plantados, siempre verdecidos.
El arroyo que entonces
invadía tu cuerpo
es manso surtidor de plazoleta,
aunque se reconozca
el derecho de huir y no te siga.

XXVII

Equilibrio de ti, perfecta calma
que ofrece el horizonte
en sus ocres de tierra adormecida,
al verde claro y nuevo
donde trepan tus hojas, como emoción de fondo.
Pero no todo tiene vestiduras;
ni siquiera la tarde
festonea su lienzo transparente,
abandonado sobre tu regazo.
Debe ser el continuo
ir y venir de aquellas sensaciones
que aromaron tu infancia hasta hacerla madura,
o tal vez la memoria
de un idílico entorno,
lo que ahora recrea esta presencia
de lo aún no vivido.
Mansamente, los tiempos
fluyen por ti, exhiben un cansancio
cuyos instantes pierden
el color de los días, uno a uno,
hasta hacerte pensar que solo fuiste
lo que hoy es la luz
de alguna estrella desaparecida.
Pero no todo queda como un hueco.
Verdes y ocres, calma y equilibrio
enhebran tardes, bordan
el onírico raso que te cubre.

XXXIX

Vivir del corazón ya no es rentable,
ni siquiera gozoso, en los tiempos que corren.
Al contrario, se tiende
a manejar ideas
que rellenen las arcas
del estado civil más conveniente.
En tanto, no muy lejos,
amanecen corolas que, al unísono,
declaman sus perfumes, o preludios
de lentas sinfonías elevándose
sobre un silencio triste.
Todo mientras vivir del corazón
no es asunto crucial, no merece la escena
que ayer representaba
cualquier hombre en el centro de sus actos.
Se trata de obtener los intereses
cerebrales ajenos,
a veces consentidos, y en otras ocasiones
ignorando el efecto, pero nunca la causa.
Y mientras, cada nido
sigue brindando al aire su misterio,
o se ensombrece el agua
en mitad de algún claustro luminoso,
ofrenda transparente de la piedra.
Vivir del corazón
requiere el mismo tiempo que dejarse
latir por el rosal y la armonía,
el pájaro o la lluvia,
hasta ser eco, ya sin más presencia.

XL

Entonces lo encontraste.
Aun cerrada la noche,
su luz aventajaba
la tuya, apenas viva,
y el miedo fue cambiando
de manos. Lo supiste.
Él era el labrador
que aguardaban tus surcos,
la miel de una colmena
donde a solas reinabas,
pero nada podría
romper el maleficio.
Lo que tanto quemaste,
ardía en él. No era
menos tuyo por eso,
menos honda tu ascua.
Con el dolor cumplido,
su noche ya caía
fuera de ti, del cielo
donde le conociste.

LI

De tanta juventud apenas quedan días,
unos cuantos colores del paisaje,
varias horas en tren o esa escapada
con alguien que jamás dirá su nombre.
Si fuera más temprano aquí en tu vida,
no volverías nunca a saber dónde huiste,
pero sí cómo vas, tras el mundo, intentando
alcanzar al amor en la última noche.
Con una insensatez adoctrinada,
esa ilusión sin fin busca de nuevo
tus años limpios, otra carne tibia
y hueca en el verano de tus atardeceres.
De tanta madurez apenas oyes
los pasos de algún hombre descreído,
su voz erosionada, que aún pretende darte
migajas de la propia felicidad caduca.
Si estuvieras a tiempo de ser otra,
jamás encontrarías el camino,
pero sí tantas vidas como fuiste perdiendo
por llegar al amor hasta el último día.

DE *LIENZOS DE CAL*

(2008)

Bab-Yahwar

Sí, tal vez sea cierto que creció mi palabra
en sus aires dorados, en su umbral decadente;
claro que los pasajes de tan fiel cercanía
acendraron mi voz, mi brevísimo eco.

Oh cruce de memorias, duración sin fijeza,
compás de lo perdido al azar de unos años
cuyos densos aromas todavía aparecen
orillando balcones, distrayendo miradas.

Sí, tal vez hoy me sirvan de aliento sus esquinas,
me dicten cada letra las campanas de entonces.
Pero todo está en blanco: las paredes, el hueco
que ocupé limpiamente, mientras por cada sombra
fluían estridencias de un mañana asediado.

Oh códice de inviernos, cuadratura de vínculos,
puerta de la palabra cerrada a cal y llanto.

Sí, tal vez sea cierto que defendió mi vida.

Placentines

Qué dulce andar el mío
sobre paños de juncia
tendidos a las claras.

Entonces fue el hallazgo
de infancia revestida,
un cenit de racimos
y espigas ya gloriosos,
como soles ungiendo
su textura de alas.

Qué pronto amanecía
sobre los cantorales.

El orfebre del tiempo
cincelaba mi asombro
hasta alzarlo del mundo.

Pura niñez de plata.

Intramuros

Quisiera haber escrito
intramuros. No pude.

Ahora solo hay tiempo
de vivir, intentando
llegar a cualquier calle
de las que aún me esperan.

Y saber de memoria
el viejo itinerario
con otra muerte al fondo.

Quisiera darle cielo
a mi vida almenada,
ahora que está oscuro
y el alba no parece
tener prisa en hallarme.

Pero aún voy de paso.

Quisiera verlo escrito.

Archeros

En mayo se prendían
furtivos arreboles
al raso de la tarde.

Mi ensoñación trazaba
un recodo durmiente
desde aceras umbrosas,
quedándose el vacío
más despierto que nunca,
a tono con lo mágico.

Un cauce de ventanas,
de geranios colgantes,
daba suelta a su rito
vesperal y sereno.

Mientras, la tarde antigua
doblaba por mis ojos.

Bab-Qarmuna

Solo irrumpe la lluvia en mi austera llegada,
contraste de marfiles a ras de una memoria
que pesa y desvanece su extraña alegoría.

Solo estoy dirigiéndome a un encuentro sin nombre.

Los años engendraron el cruce de caminos
donde nada me espera, a no ser esa lluvia
distinta que resbala por los escaparates,
esa perla doliente que atenaza mi cuello.

El reloj del olvido va templando su forja
con las primeras luces de neón, valederas
para cercar a tiempo una esquiva mirada.

Solo estoy atrasándome como la tarde misma.

Las aceras mojadas se llenan lentamente
de rostros jubilosos, de figuras felices,
mientras su cercanía multiplica mi ausencia.

No sé por qué motivo no he salido de casa.

DE *HYPNOS EN LA VENTANA*

(2009)

Premio Ciudad de Badajoz

I

Hypnos está mirando los sauces y los tilos.
Ha abierto la ventana del tiempo que precede
a la errática luz de la naturaleza,
un ensalmo distinto a lo que ve su anhelo
de buscar esa sombra donde estuvo la vida.
También yo lo contemplo, antes de decidirme
a cruzar este páramo que hoy me configura;
lo excito con el cuerpo febril de las estrellas,
implorando su noche, su calor despiadado,
padeciendo los sueños que jamás serán míos.
Y lo habría vestido con cristal de Bohemia,
hubiera recubierto su piel de lapislázuli
como única liturgia para mi desconsuelo.
Ahora que la vida vuelve a darme la espalda,
también yo soy reverso de un frío plenilunio,
de otros sauces y tilos al margen de sus ojos.
Hypnos está cerrando la ventana invisible
en cuya transparencia no caben realidades.
Ahora me pregunto, después de este vacío,
cómo sobrevivir a tanto sueño inútil.

VI

Nunca será verdad esta alegría,
este rondel de pájaros al alba,
ni el manto de los sueños que me cubre.
Solo sé que es auténtico
lo menos explicable,
aquellas hojas secas y rendidas
por no continuar camino abajo.
Ahora me entretengo
en ir de luna en luna,
como si lo real anocheciera
dentro del desamor, a ras del cielo.
Nunca será verdad esta sonrisa,
este rayo impoluto
donde ha ido alumbrándose la nada.
Qué confuso lo cierto, qué imborrable
lo que aún no he vivido. Solo ahora
puedo firmar la paz con mi tristeza.

XII

El tiempo sigue dándome razones
para saber que nunca
me llegará el regalo de un diamante,
que no tendré un vestido de Elie Saab,
ni pasaré una noche
en el hotel Timeo de Taormina.
Pero también el tiempo continúa
derramando su arena entre mis manos,
un bien interminable
que me erige en estatua
sin pedestal, apenas un señuelo.
El diamante, el hotel y ese vestido
yacen en los salones
del museo virtual donde procuro
dejarles cada día
razón de mi existencia.

XXV

Cómo no celebrar esas puntadas
de la lluvia bordando las corolas,
ese extraño silencio
que segrega el jazmín en la penumbra.
Cómo callar un trino,
enlutar un relámpago,
o detener la gracia fugitiva
cuando huye por cauces amorosos.
Y, sin embargo, no celebro nada.
Me da igual este sol, su griterío
de luz sobre las cúpulas. Ahora
he sabido que el cielo
apenas reconoce
que respiro su azul
desesperadamente.

XXXI

Hypnos está cerrando las ventanas del tiempo.
Ha caído la noche y no encuentra refugio
más que en esta orfandad que le brindan mis ojos.
Se acabaron los límites entre el cielo y la tierra.
Decido preguntarle si existe una salida
para lo inconcebible de tan hondo vacío,
y solo me responde con el dardo del miedo.
Ha caído la noche mientras voy desgranando
aquel cuerpo de arena que aún es inocente
de todas las angustias con que lo reconstruyo,
de la nula distancia entre el agua y la sed.
En este error continuo donde instalé mi vida
apenas queda llanto que no se transfigure
como gotas de fuego sobre la madrugada.
Hypnos está cerrando las puertas del desierto
sin atender las súplicas de mis labios insomnes.
Ahora sé que he pasado del sueño al precipicio,
que el amor fue la huella donde reconocía
haber ido buscándome, a solas con la muerte.
Todo está por huir, luz arriba, sin alas,
como tantas cenizas que nunca se aventaron.

DE *LOS CIELOS TARDÍOS*

(2009)

Premio Nicolás del Hierro

(Cavatina de abril)

VIII

A tu encuentro venían
los jilgueros del alba
con trinos afinados
en arpas de floresta.
Qué grácil tu figura
proclamando el rocío
sobre un vasto silencio
de luz ajardinada,
abriéndose a mis ojos
como otro vaticinio.
Y me quedé en las márgenes
del bosque inanimado
de mi vida, sabiendo
que allí te encontraría
más puro que las aves,
más áureo que los dioses,
más invicto que el cielo.
Más dolorosamente.

XV

Bocanada de mar
en mi cuerpo arenado,
convertido en orilla
de tus olas sedientas.
Verano irrepetible,
como llama celeste
que me transparentaba
la ansiedad contenida.
En una caracola
guardaste los deseos,
y yo me puse a oírlos
mientras tus manos sabias
apresaban mis hombros
con red de madreperlas.
Verano interminable,
como las playas vírgenes
de tu cuerpo salino,
bocanada de amor
que en ti me derramaba.

(Los cielos tardíos)

II

He cumplido mil veces la condena
de esperar tu regreso. No es bastante.
Hace falta seguir por el camino
que me han ido marcando los errores
para ser de verdad quien yo quería.
Tendré que repetírmelo mil veces.
Todavía no sé si tus palabras
cruzaron mi frontera, tanto ignoro
de este dolor antiguo e inmutable.
Pero he vivido algo de manera
remota, los indicios de los tiempos
que fui desentrañando ciegamente
hasta dar con la última esperanza.
Solo tú me has mostrado un paraíso
del que debo salir, tanto merezco
de esta vida mil veces condenable.

VIII

Porque el amor no es solo una llovizna
que cala hasta los huesos, porque nada
se puede comparar con la tristeza
de esperarlo sin límites, me aturde.
Una fruta prohibida satisface
también al obediente, cuyo esquema
se debe al paladar menos expuesto.
Pero rige lo desestructurado
de ese amor que no acaba de rendirse
a mi avidez innata y azarosa.
Porque cada ceniza es un instante
fugado de tu ausencia, dulcifico
el sinsabor agraz de la tibieza
donde una vez fui algo que viviste.
Nada se puede comparar contigo,
fruta prohibida al cabo de mis labios.

XI

Si todo el mar pudiese contener mi esperanza,
si las olas rompieran contra tanto deseo,
tal vez para estos cielos jamás sería tarde
y se revelarían en su nueva intemperie.
Hay noches que no veo más allá de una playa
con siluetas amándose sin final ni principio,
aguardando la aurora que rubrique su gozo.
Son noches imposibles de vivir sin tu noche.
Si el mar me concediese llegar hasta Citera,
allí te encontraría, bellísimo y distante,
oh soñada aventura de la que ya no quiero
saber otra verdad, obtener más triunfo.
Ahora reconozco que existe una frontera
entre el cuerpo y la noche, entre el mar y la vida,
que toda mi esperanza es resto de naufragio,
oleaje de amor en su sola rompiente.

DE *LOS PULSOS CARDINALES*

(2010)

Premio Mariano Roldán

I

Mis espejos desbordan una noche callada,
atraviesan la línea de lo transfigurado,
visión que reproduce su cavidad latente,
perspectiva de cielo con raíces lluviosas.
Espejos donde el ansia se aparece a sí misma,
luto vivo, textura para un ampo de estrellas,
quién sabe si dominio del amor inmutable,
transparencia que habla como opaco vestigio.
Ignoro dónde nace mi noche sin regreso,
por qué quiere cubrirme su intimidad en llamas
cuando todo es reflejo de lo desesperado,
de una búsqueda ciega por el fin del principio.
Ansia rota me nombro tras velar mi renuncia,
después de proclamarla con sus mudos estigmas,
mientras en los espejos va brotando la noche,
cuerpo oscuro que asume tan claro desafío.

VII

Linfa y agua, veneros
que sin ti no suceden.
Dolor mío, llovizna
de mi abrupto paisaje,
regazo caudaloso
donde aún me refugio.
La noche es una sed
que sumerge mis labios
en su propio vacío,
apartándome el jugo
de la ilusión callada.
Dolor inescrutable,
ahora reconozco
que no quise beberte
sin aridez extrema.
La sed es una noche
donde aún me contemplo
abismando tu lanza
fluvial en mi costado.

XVI

Debería saciarme,
amor, de tu palabra,
pan de los olvidados
y vino de los yertos.
Debería rendirme
por esta vida oscura,
tras una muerte a ciegas
que conduce al fracaso.
Pero nada es posible
cuando se borra el nombre
de tal desvalimiento,
bajo la cobardía
donde inane resisto.
Amor, háblame antes
de que lo haga la nieve
en su injusta medida,
lléname este silencio
con palabras de trigo
y vid transfigurada.

XXV

Ahora están las palomas
vadeando la fuente,
húmedas de tristeza
como estoy yo, perdida.
Si no desesperasen
mis ojos, un ocaso
cristalino verían
al fondo de las aguas,
bordado de aleteos
y cárdenos celajes.
Si me compadecieran
estas últimas luces,
quizá tendría tiempo
de mirarme desnuda
al fondo de la vida,
convicta de arrogancia
imperdonablemente.
Ahora las palomas
son en ti mi presencia,
huérfanas de ternura
como estoy yo, transida.

XXIX

Dichosos los que pueden vivir de su esperanza,
de anhelar sin desmayo el bien interminable
cuando apenas hay tiempo de creer en sí mismo.
Feliz quien amanece pensando que ese día
encontrará argumentos para reconstruirse
después de una victoria donde todo se pierde.
Dichosos, sí, tranquilos aquellos semejantes
a quienes hizo caso el Dios del universo
por alzar su plegaria con fiel heterodoxia.
A los que aún tenemos conciencia, que nos digan
la verdad de otro modo, con otra mansedumbre,
poniendo simplemente un límite de culpa.
Más feliz todavía quien arde en la tristeza
mientras alrededor hay dichas apagadas,
sonrientes retratos hundidos en la nieve.
Dichosos los que nunca pudimos encontrarnos
porque la soledad fue dejándonos ciegos
cuando ya no cabía merecer más olvido.
En esta vida oscura, sin bienaventuranza,
mis ojos abandonan su nitidez probable
intentando creerse la luz de las estrellas.

DE *RETABLO DE CENIZAS*

(2011)

Premio Ciudad de Alcalá de Henares

II

El amor lleva cíngulo de adioses,
se viste de fronteras, luce escarcha,
va tocado con nubes cenicientas.
Ahora digo que un día
me ciñó su ropaje
como oculto cilicio,
habitando mis poros
su lava permanente.
Soy estatua sin él, impío mármol
en donde la hojarasca se refugia,
caótico deseo para algunos
cuya insistencia me solidifica.
Y digo que una noche
cubrió mi desnudez
su túnica de llamas,
extático suplicio
con el que ya me había
disfrazado la muerte.

V

Si debemos vivir, hagámoslo sin tiempo
para lo que nos hiere en su injusta medida,
sin noche suficiente para el amor oculto,
deshojando la piel con un viento de abrazos.
Entonces creeremos que todo permanece
tal como lo sentimos ahora, ayer, mañana,
aunque el fuego reduzca los placeres ilesos
a vana saciedad, a estático albedrío.
Pero también debemos acariciar la muerte
en medio de esa noche que el amor abandona
sobre nuestro desnudo febril e inseparable,
aceptando sus términos con un hondo sigilo.
Entonces el deseo hablará por nosotros
al tomar la palabra en su injusta agonía.
Sí, también moriremos como lo hacen los pájaros,
el jazmín o la niebla, sin despedirnos nunca.

VI

Un tiempo de placer no se regala
sin cuerpo que lo agote, sin salida
posterior para el éxtasis más hondo.
Así mi corazón, que nunca supo
dilatar emociones, vive a oscuras,
se nutre de paciencia y desconsuelo
mientras va averiguando nuevos ritos
por el único hecho de entregarse.
Un tiempo de placer no significa
más que el consentimiento de la llaga
abierta sin piedad en el costado,
cuyo delirio llega a mansedumbre
por amor, siendo víctima fragante
hasta sentirse altar bajo otro cuerpo.
Así mi corazón, igual que el sándalo,
perfuma siempre el hacha que lo hiere.

XI

Profundamente mío
eres ahora, pasto del otoño
en incendios violetas que soflaman
un cielo demudado.
Qué atardecer recóndito tu cuerpo,
sus pliegues en penumbra,
mientras de mi ilusión caen las hojas
al ver tus ramas limpias,
como livor al alza
detrás de los visillos.
No sabría decirte por qué callo
si todo me provoca, contemplándote,
pura necesidad
de cubrir tu desnudo con racimos
recién cortados, vid espiritosa
en flujo de palabras.
Eres ahora crátera y otoño,
profusamente mío,
líquida adoración que a solas bebo.

XII

Retablo de cenizas, desafío
a tanta soledad como me hiere,
helor interminable en carne viva,
trémulo corazón a ras del miedo.
Quizá sea el final de una tragedia,
de la gris lucidez con que vislumbro
personajes furtivos, escenarios
para representar mi propia muerte.
La vida se ha quedado ya muy lejos.
Lejos de mí, de aquella tarde tibia
donde logré encontrar una esperanza
en la que ahora no me reconozco.
Retablo de agonías, envoltura
para huellas durmientes, vana lumbre
de aurora malograda, purgatorio
con estatuas hilando la tiniebla.
La muerte se ha quedado ya muy sola.
Su soledad anida en mi regazo
como un áspid insomne, como máscara
para representar mi propia vida.

DE *DANAIDE*

(2012)

Premio Hermanos Machado

Antiguas llamas

Nadie te ha dado vela en este encierro
para alumbrar las horas
oscuras donde guardas
el discurrir cansado del destino.
Hay formas de vivir que no precisan
más que un leve reflejo
para brillar en toda su certeza.
Es cuestión de sentirse iluminado.
Tan solo antiguas llamas
te prenden en el túnel
que habitas, cruel historia
de luz inextinguible.
Nadie te ha dado sombra en este infierno,
mientras el corazón medita y teme
condenarse a perpetua calentura.
Hay formas de morir que resplandecen
hasta borrar la huella
del propio sacrificio.
No cubrirán tu fuego las cenizas.

Ánfora vacía

Tus aguas equivalen al silencio nocturno,
cayendo eternamente sobre lo que esperabas
sin apenas rozarlo, mostrándote las grietas
del ánfora vacía después de tanta lluvia.
Solo tú recibiste a aquel recién llegado
mientras otros arroyos te sangraban por dentro,
conducían su savia entre las cicatrices
que le fueron restando libertad a tu muerte.
Oh cáliz intangible donde brindas refugio,
cómo elevarlo ahora, con los cielos cerrados
y una plegaria muda por todo sacrificio.
Es difícil alzarse si unas manos te hunden.
Solo tus aguas sienten las pisadas nocturnas
de aquel que se detuvo sobre lo que ofrecías
sin llegar a habitarlo, dejándote el venero
del corazón vacío antes de tanta sed.

Danaide

Cuánto hubieras querido llenarte de ti misma,
danaide solitaria, fugitiva por ríos
sin desembocadura, por cielos anegados.
De un momento a otro volverá el desaliento.
Te has vaciado tanto que ya no reconoces
el rostro del amor sino en las orfandades
donde diste cobijo a tu anónima entrega.
De una palabra a otra negarás el cansancio.
Qué fervientes tus manos sobre la madrugada,
imponiendo el rocío a quienes no supieron
acoger una súplica, abarcar una ofrenda
como la concedida sin negarles su aurora.
Cuánto hubieras querido saciarte de consuelo,
de un bálsamo cualquiera, aunque fuesen detalles
o sobras de algún gesto que otros despreciaron.
Pero tú preferiste vivir contra corriente,
danaide enamorada, peregrina por noches
sin ternura, por cuerpos hacia tierra de nadie.
Seguirás siendo agua, de agua, como agua,
esa desconocida para hombres desiertos.

Único presente

Ahora que no tienes nada, huye
de tu inminente condición de sombra,
procura que los sueños justifiquen
la nueva realidad empobrecida.
Ya es tiempo de crecerse en arboledas
aún por descubrir, es ese tiempo
cuyo ramaje erguido se bifurca.
No basta con el límite
de las propias carencias
para salvar un trozo
de vida imaginable.
Solo recibirías
el legado del viento
como único presente
envuelto en hojarasca.
Ahora que el amor te ha despojado
de todo lo superfluo, permanece
en esta nueva soledad y huye
a tu oculto lugar de disidencia.

Exégesis

Nunca pudo llenarse el pozo de tu vida,
albergue cristalino para labios sin dueño,
espejo de las noches que te mortificaron.
Solo hay un viento húmedo, unas nubes en llamas,
un hombre de retorno, siempre los mismos cauces
configurando ahora tu líquida condena.
La señal de los tiempos se reduce a vigilia,
a río navegable de riberas inhóspitas.
Una oscura señal de la muerte que fluye.
Jamás llegó a colmarse el pozo de tus manos
sino con el amor relativo, versátil,
ardiente transparencia donde te consumiste.
Ahora todo es recelo, víspera de naufragio,
oración impostada que el silencio desfonda.
Solo la luz se ciñe al brocal de tu herida.

DE *LA PAZ DEL ABANDONO*

(2014)

Premio Vicente Núñez

Este momento que no veré nunca

Te imaginas oyendo a Glazunov
con los ojos cerrados, junto a alguien,
como si al fin llegase el nuevo día
hasta la realidad que existe apenas.

Es un momento sólido, fundido
por tantas emociones alcanzadas,
pero luego tus ojos te desnudan
haciéndote creíble el abandono.

Hoy solo puedes ver la primavera
a través de un cristal, y nada pides,
excepto que lo sepan esas tardes
templadas, donde acaso la memoria
se compadece de tu maleficio.

Te imaginas oyendo a Glazunov
con los labios abiertos a la lluvia,
anegados de sed, mientras que alguien,
cuando no esperas nada de la vida,
llega en silencio para estar contigo.

Con la sutura de la soledad

Los demás están lejos de tu vida.

Aparecen como las estaciones,
naturalmente, con el tiempo justo
para que los contemples y te hablen
sobre su bienestar edulcorado.
Después se marchan sin cerrar la puerta,
sin preguntar qué haces allí, sola.

Los demás están lejos de tu herida.

Llegan como cualquier rayo de luna,
serenamente, pero cuando intentas
acariciarlos, darles de ti misma,
es su perfil helado lo que tocas.
Luego la oscuridad se restablece
invadiendo otra noche marginada.

Los demás ven de lejos tu caída.

Van y vienen del rito a la aventura,
ajenos al dolor donde resides,
sin preguntar qué haces así, yerta.
Y aún se extrañan de que no contestes.

Adonde nunca llega el pensamiento

Hoy llegaste a pensar en una tarde
lluviosa y fría, junto a quien amabas,
dentro de aquel café de adolescencia
con cristales opacos por el humo.

Pensaste que no había transcurrido
tanto dolor ni tanto desamparo,
que el mundo complicaba siempre a otros
la posibilidad de ver a ciegas.

Ya quedan pocos puntos de partida,
escasas emociones sin quemarse,
tal vez un vano encuentro vespertino
con quien buscaba huir sencillamente.

Ahora hasta la lluvia toca fondo
sobre el último sol acristalado,
mientras crece la hierba en tu deseo.
Hoy llegaste a pensar que estabas viva.

Vientos contrarios mudan travesías

Aquel viento que fuiste conserva todavía
los aromas sagrados de una niñez austera,
cuando por tus jardines trenzaba los gladiolos
y abría en abanico dorados surtidores.

Jugaste con veletas al quiebro de tu paso,
inocencia flamante de la que pocos vuelven,
agitando el pañuelo de la ardiente hojarasca,
desvaneciendo adioses como si dependieran
de aquella levedad donde te sostenías.

Al cabo de los vientos, con más pena que historia,
sigues siendo invisible para todo lo amado,
un camino que siempre llega a ninguna parte,
emoción ignorada después del sacrificio.

Decidiste cambiar tu seda transparente
por sórdidos flagelos de espinas dislocadas,
cuando te despreciaron las ramas y las nubes
convirtiéndote en muros que impedían el paso,
mientras el viento aquel prolonga su inocencia.

Tarde se aprende lo que más importa

Tras un largo paréntesis, el tiempo
significa de nuevo más renuncia,
logrando que las cosas que anhelabas
dejen sitio a certezas imposibles.

Dependías de tu conocimiento
para gozar lo bello en un entorno
tan difícil como el que te mostraron,
lleno de sensaciones oprimidas.

Ahora ya no sirve. Los errores
palpitan todavía por tus sienes,
brindando al sol con nulos argumentos
extraídos de un tomo de ignorancia.

Ahora te das cuenta. La espesura
del tiempo va cubriendo los caminos
sin que conozcas cómo desbrozarlos,
cuando para saberlo queda poco.

DE *OBOE D´AMORE*

(2015)

Premio Rafael Morales

I

Al final siempre hay algo que te salva,
algo deslumbrador y silencioso
como un pájaro frío, como el sueño
que gravita en los ojos blanqueándose.

Tembló tu libertad cuando pudiste
encontrar la respuesta a tanta lluvia,
a la desolación de haber vivido
simplemente creyendo que vivías.

Algo hay donde abrazas el otoño,
en las esquinas grises de tu infancia,
quizá sobre unos lirios empañados
por el rocío, algo que no es tiempo.

Conviene recordar la diferencia
entre llantos y brisas, entre cruces
y sombras, más allá de la alambrada
con que nunca has dejado de vestirte.

Siempre no significa para siempre,
ni el pájaro ni el sueño se disputan
la inútil fijación del horizonte.
Algo te salva aún por la palabra.

X

Aunque ya te advirtieron que el amor no nacía
de los buenos propósitos acuñados a solas,
todo se conjuraba para ir sucediendo
en forma de llovizna, tarde gris o noviembre.

Fueron días errantes, pulsaciones atadas
a cuerpos inasibles, como nubes violetas
que apenas transgredían los límites gozosos
de cada saciedad, negando su aventura.

Entonces comprendiste. El amor no venía
para cubrir ausencias, heridas o ficciones
sin un precio pactado con tu desvalimiento,
sin otra ley que aquella de un hombre fugitivo.

Solo quisiste amarle como se ama la aurora,
con la tibia firmeza de sus hilos dorados,
como se aman los árboles al final del otoño
o los ríos que nunca llegarán hasta el mar.

Pero ya te advirtieron: no era así, no era así.

XI

Frente al lienzo de Turner se congregan
tus veranos perdidos, solitarios
como torres vigías, como calas
que el mar impunemente desmorona.

Este grupo de antiguos resplandores
permanece en las tardes que partían
hacia tu juventud bordando el viento,
gráciles y jugosas tardes tuyas.

Cada tonalidad era bullicio
para un rincón de adelfas en reposo,
voces mixtas de rosas escarlatas
con llamaradas frías enhebrándose.

También el mar sangraba, sangra ahora
mientras otros veranos lo rodean
en lugar de tus ojos deslumbrados,
en vez de un sumergido sol naciente.

Sabes que tras el lienzo nada habita,
que todo es litoral o rompeolas,
como esta reunión de soledades
donde Turner y tú tenéis un sitio.

XXVIII

Sol vespertino, música de cámara
para hacer realidad su cercanía
mientras todo se tiñe de violeta.

Detrás de los cristales, la ciudad
oscurece despacio, como ahora
sucede con tu vida, sin un eco
que atestigüe tan sola partitura.

Sientes que te has quedado
muy atrás, que no existen
más oportunidades
de encontrar la belleza
lejos de tu morada.

Ni siquiera al mirarte en el espejo
aparece tu rostro. Solo ves
madrugadas abruptas, cuerpos húmedos,
dolorosas presencias en desorden.

Y crees que sería de justicia
poseer lo que amaste, lo vivido
antes de los naufragios. Atardece
detrás de los cristales, mientras suena
la música de cámara, tan sola
como tu corazón entre dos luces.

XXX

Una vez fuiste alguien más dichoso,
tenías las estrellas de tu parte
y el corazón surcando la floresta.

Poco duró. Las aguas regresaron
al cauce de lo malo conocido,
y tu vida mantuvo las costumbres
de la espuma del mar sobre las rocas.

Hoy tienes el desierto por delante,
una inmensa oquedad entre las manos
y muchos otros gritos sin salida.

Cuántos soles verás hasta que abras
los ojos dignamente, cuántos túneles
te esperan al final del recorrido.

Pero, tarde o temprano, serás viento
hacia tus propias ramas, trigo puro
cayendo en otra tierra prometida,
quién sabe si la luz que te rodea.

No dejes de ser alguien como ahora,
sin adjetivos, solo porque vuelve
a resbalar la lluvia por tu rostro.

DE *EL PRIMER REINO*

(2015)

Premio Tardor

La finca

Aunque no puedes verla, sigue estando
en un rincón vacío de tus ojos,
convertida en remota primavera,
en camino feliz hacia la nada.

Es bueno despertar cuando la noche
deja de encarcelarte lo vivido.
Y sabes que estuviste allí, que amabas
la misma libertad que aún conservas.

A pesar de los fríos, del desierto
donde se ha retirado tu cordura,
quedan instantes puros, memorables,
para hacerte volver con otras alas.

Aunque ya solo guardes su reflejo
en el rincón perdido de tus gozos,
sigue dándose a luz, fuego sagrado
con que alimentas cada amanecer.

Los melocotoneros

Con sus frutos dormidos ante tus despertares,
su redondez rojiza en paz con el trasiego
de alguna abeja, daban color al paseíllo
que tanto recorriste hasta el último día.

Arde tu piel aún, cuando quisieras
que fuese aquella pulpa primorosa,
entregada a su jugo y a sus soles.

Nada como una gris fotografía
para llegar a ellos, para amarlos
tan íntima y dichosamente tuyos.

Arde tu piel, quizá porque las hojas
culminaban veranos sobre ella,
junto a aquel paladar evanescente.

Con sus frutos caídos ante tu despedida,
los melocotoneros decidieron quedarse
para seguir gozando la bienaventuranza
de poseer la tierra desde su mansedumbre.

La luna llena

La veías nacer tras de los eucaliptos,
puntual, amarillenta, confinando
las calores de agosto en su monotonía.

Deseabas tocarla como se toca a un ángel,
desnudamente libre, sin tinieblas
que ocultaran su vuelo por cercanos alcores.

Recuerdas esas noches más allá de la luna,
de aquella carretera solitaria
por la que transcurrían otros muchos regresos.

Y pensabas entonces en llevarla contigo
como se lleva el peso de una lágrima,
el asombro infantil de las apariciones.

Hermosamente tuyo su ropaje dorado
tras de los eucaliptos, siempre en fuga,
ingenua travesía para tocar el cielo.

El brasero

Del invierno surgían especiados aromas,
como aquel del brasero, tenaz y diferente
a cuantos se cruzaban con el frío.

Su humilde calidez fue otro mobiliario,
otra decoración de rojos y volutas
para sobrevivir a fuego lento.

Muy pronto comprendiste que tu convalecencia
dependía en gran parte de una lumbre perenne,
de la templada atmósfera nativa.

Así, cada mañana tuvo hogar en tu lecho,
avivó los rescoldos con que te iluminaste,
abrigando futuros ateridos.

Y cada día quiso permanecer en ascuas,
amigo incandescente para quemar las horas
más largas de tu breve realidad.

Porque solo el brasero te conmovía, simple
definición de todo lo que necesitabas
en un pequeño cuarto, también hoy.

La soledad

II

Nadie podrá ya verte visitando
de nuevo este solar, ni sus baldíos
confines entre el sol y la penumbra,
en íntimo y sagrado privilegio.

Nadie, porque tus pasos invisibles
hace mucho que fueron detenidos
tras de la antigua puerta malograda
donde van amoldándose a la ausencia.

No temas escuchar alguna voz,
un trino, los zureos o las hojas
en el fondo del pozo desecado.
Esperaban sin prisas tu regreso.

Y no mires atrás. Contémplate en las huellas
que el albero guardó con ternura de nido,
porque, tarde o temprano, supo que volverías
a posar en su espejo tu innata soledad.

DE *ES INÚTIL QUE DUERMA*

(2015)

Premio Ciudad de Pamplona

Lo que amaste

Igual que si brotase del mar una muralla
dividiendo las olas ambarinas,
con la espuma colgada de sus piedras,
así contemplas todo lo que amaste;
hondo y lento espejismo, varadero,
a veces boreal, a veces lumbre,
fugazmente sagrado como una tempestad.

Lo que amaste no vuelve, pero sigue
sedimentando el yermo de tus pasos,
el camino sin sombra donde un día
tendrán lugar la lluvia, el arroyo, los ríos
y aquel mar imposible, convertidos en ti.

Porque no te has cansado de andar sobre las aguas.

El parque

Cuando te sientas, todo está tranquilo.
Miras alrededor. El parque amarillea
y se nutre de nuevos matices, heredados
de jóvenes que antaño paseaban.

Queda bastante luz para creerte
lo más lejos posible de tu vuelta a lo oscuro,
de tantas humaredas como visten de negro
la nevada ilusión donde resides.

No importa que te sigan olvidando,
que aquellos paraísos ahora sean eriales;
a la ausencia se llega siempre por la sequía
de quienes pervirtieron su memoria.

Cuando recuerdas, todo resplandece.
Sales del parque. Mientras, la tarde ha mantenido
sus jirones violetas para alumbrar tus pasos.
Hace bastante tiempo que eres joven.

Speak low

Te gustaría amar a Roy Hargrove
porque debe ser dulce su piel de trompetista,
su elegancia pactada con los atardeceres,
la armónica visión donde reside.

Pero no le conoces. Solo sabes
que toca para ti cuando abres la puerta,
mientras subes despacio a tus habitaciones,
después de acariciar cada silencio.

Te gustaría ir al club nocturno
cuya atmósfera envuelve la seda de sus notas,
y decirle que nadie como él para el gozo
que deja suspendido entre los labios.

Pero nunca le has visto. Solo puedes
oír su melodía tras un velo de lluvia,
Speak low, ahuyentando los espectros del alba
por si abre la puerta y aparece.

Aún quedan caminos

Tal vez debas huir antes de que las hojas
reproduzcan tu vuelo sobre aquella avenida
donde la juventud comenzaba a eclipsarse.
Tal vez puedas huir como un río cansado.

Todo va envejeciendo tras los mismos cristales
que una tarde lluviosa reflejaron tu rostro,
sobre el leve perfume guardado en el vestido
de la enésima cita, por tanta soledad.

Huye para que nadie persiga este momento,
esta luz dolorosa con que ahora te ciñes,
la verdad detenida bajo las alambradas.
Aún quedan caminos sin final ni retorno.

Pero hazlo de noche, cuando el tiempo se oculte,
mientras él sigue ausente de tu paz peregrina,
guardando un equilibrio racional y templado.
De noche, con los sueños a punto de encontrarle.

Todo envejecería. Te lo vaticinaban
las palomas alzando su tropel armonioso,
hasta que conviviste con otras rendiciones
inútilmente. Hoy ya no quedan augures.

Tal vez debas huir antes de que la nada,
ni siquiera la muerte, designe un territorio
donde puedas estar a salvo de tu vida.
Ya sabes que el camino jamás hace preguntas.

Estiria

De la mano de Brahms llegas a Estiria,
buscando la belleza perdurable
en las primeras notas del otoño,
sobre la melodía de los lagos.

Llegas con tu verdad abandonada
por haber asumido que los tiempos
ya no pasan igual, tan silenciosos
como suenan aquí, tan cristalinos.

Te quedaste esperando aquella vida
pretenciosa y ferviente, con sus ecos
de ternura olvidada entre compases,
una vida que siempre fue de otros.

Y oyes esta cuarta sinfonía
mientras Brahms y la luz desaparecen
allá donde el verdor amarillea,
como si no te hubieran distinguido.

Y cierras otro día más, abriendo
la ventana de tus elevaciones,
aunque el paisaje caiga de repente
mientras buscas su mano, cualquier mano.

DE *GALERÍA DE INSOMNES*

(2016)

Premio Villa de Martorell

Suerte de varas

Muchas veces meditas:
no vayas a la plaza,
torea de salón, es más prudente.

Pero hay cosas que siguen
un curso peligroso,
al margen de los círculos cuadrados,
y alientan lo prohibido
mejor que cualquier lidia por derecho.

Tal vez haya un atajo
en la suerte de varas,
o en la fe de mirar hacia el tendido
para encontrar un hueco
donde acogerse en caso de abandono.

Pero hay luchas que tienen
los minutos contados,
como este natural donde te juegas
la última palabra,
el verdadero reto de ser libre.

Las esposas

Ellas siempre pensaron que vivías
buscando amantes entre sus maridos,
una idea que les justificaba
la incómoda visión de tu persona.

Nunca llegaron a diferenciarte
de quienes no tenían más proyecto
que llegar al altar y bendecirse.

Nadie se equivocó tan tristemente.
Y mientras alargaban la distancia,
tú habías escogido otro camino
más hermoso que el suyo, soberano,
al que ellas jamás accederían.

No hay nada como estar a mil poemas.

Sin permiso

El hombre solitario
se durmió para siempre sin permiso
de alguna autoridad reconocida.

Apenas tuvo tiempo
de pensar si vivir o desvivirse,
mientras le iban montando nuevos cirios
los viejos oferentes.

Su penúltimo día en este mundo
lo dedicó a buscar aquel decreto
donde se le asignaba
su cuota de fracaso
recogida en la ley sancionadora.

El hombre nunca supo
que hay gente a la que multan por morir
sin haberse humillado.

Una publicación

No corras, le dijeron a Fulánez
cuando se dirigía al paraíso
de aquella editorial de referencia.

Perdido entre sus dunas literarias,
optó por preguntar cómo podría
ser carne de *best-seller*
saltándose cuestiones no venales
y otras urgencias sin protagonismo.

Entonces fue el milagro. Le aceptaban
cualquier original con la promesa
de una publicación. Desde ese día
su obra se diluye
entre listas y listos
de espera que vendrán a colocarle
al final de los tiempos,
cuando lo de editar ya sea historia.

Poéticamente incorrecto

El gladiador no quiere que algún césar
le perdone su vida literaria,
aunque entre a menudo
por las puertas del circo y se recline,
sangrando como suele,
sobre arenas secantes.

Sabe que cada libro es una lucha
a solas con el tiempo,
un rival indulgente para otros
recusadores de su independencia.

El gladiador no huye,
prefiere colegir los resultados
sin mendigarle triunfos a una suerte
que nunca estuvo echada,
ni siquiera a la hora de inclinarse.

Sabe que sus poemas
son el reverso de sus cicatrices.

DE *PERSISTENCIA*

(2018)

Premio Pilar Fernández Labrador (accésit)

El revestimiento del sueño (René Magritte)

I

Tal vez no exista ahora la mañana
que transitó sin fe tu desventura
como hicieron los pasos del olvido,
nueva y líquida hora sin reposo
manando hasta alcanzar un sedimento.

Tal vez no existas tú, tenaz, cansada
de verte siempre en tierra permeable
cuando no hay piedras hondas que ponerse,
mientras toda la luz es cuero vivo.

Deja de huir de ti, falsa palabra,
hacia la estoica muerte que conoces,
junto al viejo retrato de tu pozo.

Porque cada minuto balancea
el rayo tibio y triste donde duermen
sin ciclo algunos pájaros perdidos,
detrás de un arco iris derribado.

Tal vez por ti no existan los almendros
que dieron sol perenne a tus adioses
cuando la vida oculta se burlaba
del puro desengaño previsible.

Deja de huir al fin, de contenerte
vacía en una lágrima de barro.

La añoranza (René Magritte)

V

De los mares se fugan esmeraldas
como viejos bajeles olvidados
por unos navegantes sin oficio.

Solo así, a propósito del tiempo,
va cayendo en las olas un terrible
destello de letal melancolía,
ávida plenitud perecedera
que se deja esculpir entre corales.

Porque la tentación es marejada
donde no existe vuelco de retorno,
ni acaso un inundado paraíso
para la soledad itinerante.

Al fin, en los atriles del ocaso
va pronunciando el fuego su destino,
deshecho como líquidas cenizas
a través de las aguas que derrota.

Abiertamente lejos todo huye,
mientras el quieto mar se transfigura
como antiguo joyel abandonado
por arte de un orífice dormido.

La perspectiva amorosa (René Magritte)

IV

Las manos enlazadas
paseaban sin miedo,
ardientes e invisibles
a los ojos del mundo.

Eran ramas perdidas
por un aire ambarino,
hurgando en los aromas
que nunca sostuvieron.

El parque cobijaba
sus perfiles lluviosos,
el íntimo cansancio
donde las descubría.

Manos de amor, cadenas
para apresar el tiempo
final de lo vivido,
sin gozos impacientes
por darse al plenilunio.

Eran raras espinas
clavadas en el aire,
desnudamente solas
como largos adioses.

El sabor de las lágrimas (René Magritte)

I

Presas de su abandono,
las lágrimas resbalan
por un árido espejo.

Es el llanto de nadie,
sutil y acompasado
en relojes nocturnos
que delatan las horas
como entrañas vacías.

Es el llanto del tiempo.

Cada surco recuerda
una turbia esperanza
hundida tras mirarse,
un gélido epitafio
distrayendo su abismo.

Las lágrimas son nombres
sin pronunciar, corolas
donde el viento agoniza,
vanas expiaciones.

Es el llanto de nadie,
un espejo manando
al tiempo que se quiebra.

La edad madura (Camille Claudel)

III

Cada noche comprueba la distancia
que hay desde su celda hasta la vida,
el tiempo donde nadie le descubre,
un sinfín de deseos caducados.

Hace mucho dolor entre los muros,
tanto como sintiera cuando quiso
escapar una honda madrugada
derribando su propia arquitectura.

Así noche tras noche, sin un hueco
para ver el paisaje, la silueta
de alguien que jamás vendrá a decirle
cuánta luz late fuera, cuánto trino.

Su celda, corazón aclimatado
a la sola renuncia donde cabe
todo sueño, belleza o esperanza,
cualquier escalofrío de vigilia.

Sabe que es un amante en cautiverio,
pero tiene que huir, no existe otra
manera de abrazar el desamor.
Ya se acerca la hora, ya amanece.

DE *RECADO ORIGINAL*

(2020)

Premio Ciudad de Vera

I

Podrías haber sido alguien más endiosado,
una estatua feliz de carne vehemente,
las raíces del viento en lugar de las tuyas.
Pero nunca quisiste silenciar al espejo.

Olas de miel amargas,
como tantos rumores
de viejas profecías
encerrando sus vuelcos
en un reloj de arena.

Ahora solo escribes con renglones torcidos,
recado original que dicta tu victoria.

XXIX

Nunca creíste en esas palabras de regalo
con que algunos supieron dedicarte sus obras.
Epítetos en flor, adjetivos canoros,
frases que se han borrado de tanto padecerlas.

Si todo hubiera sido verdad, hoy estarías
a su mismo nivel, ecléctica invitada
en mil mesas redondas, cuadradas, triangulares.
Si hubieras aceptado el penúltimo güisqui.

Pero no pierdas tiempo, el futuro no vuelve.

XXXII

Oyes los mirlos en el alba lenta,
interpretas su canto cristalino
como el día que pronto va a cercarte,
un día más o menos de tu vida.

Como todos los días, como todos.

La leve claridad es otra sábana
donde se depositan soledades
como las que llegaron a cubrirte
aquel día de rara primavera.

Como tantas ausencias, como tantas.

Y paras un reloj de sol, y sientes
detenerse la misma desventura
donde se terminaba su belleza,
como si nunca hubiera amanecido.

Como ahora que arde, como ahora.

XXXV

Dónde estarán los niños, los que nunca tuviste,
el ardor de sus juegos en las tardes nevadas.
Cómo medir la hondura de este nido vacío.

Sencillamente quieres escribirles
una carta de amor sobre una hoja
cualquiera de tu otoño, una carta
que llegará a ningún destinatario.

Porque el tiempo te agrieta demasiado deprisa,
igual que sus espejos, hoy buscas ese niño
perdiendo la memoria de la naturaleza.

Dónde estarán ahora los ojos infantiles
en los que no pudiste reflejar tu silencio.
Cómo medir la altura de este árbol caído.

XLIII

Hasta donde tú sabes, el tiempo se diluye
como el trino de un pájaro al inicio del alba,
mientras quedan sus ecos borrosos, colindantes,
cuando aún no has podido descorrer el silencio.

Porque todo es así, hasta donde tú sabes,
fugaz y pavoroso, una suerte de lucha
con la propia certeza, oscuro itinerario
para quien sigue huyendo con su sola palabra.

Y si el tiempo termina, no prolongues la hoguera.
Hasta donde tú sabes, nadie vuelve del fuego,
ni logra que la lluvia traspase sus cenizas.
Porque todo es así a cambio de estar vivo.

DE *VUELTA A CASA*

(2022)

V

Cada noche es la última cuando cierras la puerta,
cuando sólo apareces ya dentro de un espejo
y apenas se distingue tu verdadera sombra,
lucidez impecable de amargo recorrido.

Cada noche es la última en mitad del amor,
derramando tus senos su esencia almibarada
en los labios sin rostro de quien nunca regresa.
Cada amor es el último en mitad de la noche.

Ahora has olvidado estos viejos principios,
la nítida frontera que muchos te mostraron
para llegar sin prisas de una pared a otra,
territorio candente de nevada cordura.

Cualquier noche que pase por ti, tarde o temprano,
dejará su moneda lunar sobre tus ojos
y apagará el espejo donde aún te veías.
Cualquier amor que entre con la puerta cerrada.

XI

Villa de Suellacabras, cuántas noches
contemplando su cielo desde el sur,
brillante oscuridad que aún te elige
para posarte sobre aquel verano.

Salías de la casa lentamente,
impregnada de asombro e inocencia,
con un largo silencio por vestido
y el velo puro de la placidez.

El pueblo estaba en ti como una estrella,
amplio, liberador, inagotable,
mientras a cada sombra concedías
la otra cara del tiempo que alumbraba.

Muchas noches más tarde, sigues viéndolo
tan humilde, tan dócil, casi intacto
en sus ocres de tierra y orfandad,
niña del sur recién encanecida.

XXX

Por el patio se extiende un olor a alhucema,
un crujido de brasas mientras rinde la tarde
su claridad violeta, su fría mansedumbre.
Es un invierno más, pero tú no has llegado.

Hay trinos que equivocan el rumor de una fuente
cuya pared despliega su tapiz de verdina,
ecos acristalados para perfiles mudos.
Es el ayer constante, mientras tú vas llegando.

Por el patio se filtra una luz desmayada,
aparecen siluetas de interior, tan borrosas
que reconocerías la justa realidad,
la perfecta morada donde nadie te espera.

XXXVII

Apenas necesitas más que el libro
que estás leyendo ahora, o el poema
que escribes, para hallarte de regreso,
para sentirte cerca de los pájaros,
del oculto rosal donde te miras,
respirando la música de cámara.

Dialogas con la lumbre, con las sombras
proyectadas por ti desde el olvido,
más allá de lo ajeno, permanente
conversación que alientas y que callas
mientras la tarde crece en tu desnudo
exhibiendo los vértices rosados.

Apenas se adivina cuanto amaste
hasta la saciedad, feliz ausencia
donde consigues separar lo cierto
de lo desmoronado, como el libro
que nunca leerás, como el poema
cuyas ruinas han de sobrevivirte.

XL

Todo lo que perdiste volvió otra vez a casa
en uno de esos días que apenas dejan huella,
sin avisar, buscando la humedad de tus ojos
y el sol desvanecido en oscuros rincones.

Serán cosas del tiempo, pensabas mientras ibas
reconociendo a ciegas la cal de las paredes,
el perfil de un reloj que en alto destilaba
hora a hora el silencio, la espera previsible.

Porque habías perdido tanto como ganaste
al salir de tu celda olvidando la muerte,
al prender los inviernos con el rostro soñado,
enlazando derrotas entre paces y adioses.

Cosas de la memoria, decías mientras dabas
la palabra al espejo, oyéndote de frente,
agrietada la voz, desarmada tu vida,
explícito retrato de pura soledad.

Todo lo que perdiste regresaba contigo
en una de esas noches con apenas estrellas,
a la casa más tuya de todas, deshaciendo
el pequeño equipaje que tampoco traías.

ÍNDICE

Este libro se terminó de editar en Granada
en febrero de 2025 por

www.aversopoesia.com
hola@aversopoesia.com